अवध की थारू जनजाति : संस्कार एवं कला

लखीमपुर, बहराइच व गोण्डा ज़िलों की थारू संस्कृति एवं लोक कला

लेखक व चित्रांकन

दीपा सिंह रघुवंशी

संरक्षक

श्री जितेन्द्र कुमार *आई.ए.एस.*

प्रमुख सचिव, संस्कृति एवं अध्यक्ष, अयोध्या शोध संस्थान

श्री शिशिर *पी.सी.एस.*

निदेशक, संस्कृति एवं उपाध्यक्ष, अयोध्या शोध संस्थान

परिकल्पना

डॉ. योगेन्द्र प्रताप सिंह

निदेशक, अयोध्या शोध संस्थान

वाणी प्रकाशन

वाणी प्रकाशन

4695, 21-ए, दरियागंज, नयी दिल्ली 110 002

फ़ोनः +91 11 23273167 फ़ैक्सः +91 11 23275710

शाखाएँ

अशोक राजपथ, पटना 800 004, बिहार

कॉफ़ी हाउस कैम्पस, महात्मा गांधी मार्ग, इलाहाबाद 211 001, उत्तर प्रदेश

महात्मा गांधी अन्तरराष्ट्रीय हिन्दी विश्वविद्यालय, वर्धा 442 001, महाराष्ट्र

www.vaniprakashan.in
marketing@vaniprakashan.in
sales@vaniprakashan.in

In Association with

ESTD.-1986

Ayodhya Shodh Sansthan
presents

AWADH KI THAROO JANJATI : SANSKAR EVAM KALA
by Deepa Singh Raghuvanshi

ISBN : 978-93-88434-32-4
Culture

प्रथम संस्करण 2019

मूल्य : ₹ 1495

आर. टेक ऑफ़सेट, दिल्ली-110 032 में मुद्रित

वाणी प्रकाशन का लोगो मक़बूल फ़िदा हुसेन की कूची से

संस्कार, कला एवं हस्तशिल्प

"जनजातीय जीवन के संस्कार जब कैनवास पर उतरते हैं तब कलाओं को पहचान मिलती है जब कलाओं को शिल्प के साथ रोज़गार प्राप्त होता है तब वे हस्तशिल्प कहलाती हैं। वैश्विक दुनिया में हस्तशिल्प की अनन्त सम्भावनाएँ हैं।"

–योगी आदित्यनाथ

मुख्यमन्त्री (उत्तर प्रदेश)

तदपि कहे बिनु...

'आदिवासी थारू जनजाति' भारत-नेपाल की सीमा के दोनों तरफ़ तराई क्षेत्र में, घने जंगलों के बीच निवास करती है जो कि भारत की प्रमुख जनजातियों में से एक उत्तर भारत की प्रमुख जनजाति है। उत्तर प्रदेश के अवध क्षेत्र के तीन ज़िलों लखीमपुर खीरी, बहराइच व गोण्डा में थारू जनजाति निवास करती है। अवध क्षेत्र मर्यादा पुरुषोत्तम भगवान श्री रामजी के जन्म स्थान, पावन धाम व प्राचीन/धार्मिक धर्म नगरी है और यह मेरा परम सौभाग्य है कि मेरा जन्म अवध क्षेत्र के अयोध्या में हुआ है। अवध क्षेत्र की एक विशेषता रही है वहाँ पर थारू जनजाति का आवासित होना। थारुओं का समृद्धि, सांस्कृतिक व लोक परम्परा से युक्त उनका इतिहास गौरवशाली रहा है। यह लोग नेपाल के दोनों तरफ़ के तराई क्षेत्र में सैकड़ों गाँवों में निवास करते हैं। इनकी कला और संस्कृति का हमारी लोक संस्कृति के साथ घनिष्ठ सम्पर्क है। थारू जनजाति की सभ्यता, संस्कृति, संस्कार, लोक कला है वह अपने आप में लालित्यपूर्ण विधा है। इसका प्राचीन इतिहास से लेकर आधुनिक इतिहास तक विस्तार है लेकिन कतिपय कारणों से अभी तक यह समृद्धि कला प्रकाश में नहीं आयी है। इनकी संस्कृति, इनकी सभ्यता का अभी तक पूरे अवध में और उसके बाहर प्रचार नहीं हुआ है। मेरा लक्ष्य यह है कि थारू जनजाति की लोक कला, संस्कृति और जीवन पद्धति को जो कि हमारे अवध का एक गौरवशाली अंग है, को पुस्तक के माध्यम से जनमानस के सामने लाया जाए ताकि ज़्यादा लोग इसको जान सकें। इसकी सबसे बड़ी विशेषता यह है कि इस जनजाति के लोक संस्कारों में राजस्थान की लोक संस्कृति तथा वहाँ के राजाओं की जीवन शैली, परिवेश तथा परम्परा का प्रभाव परिलक्षित होता है। यह अपने आप में शोध का विषय हो सकता है कि थारू जनजाति के माध्यम से राजस्थान की राजपूत संस्कृति का, अवध और यहाँ के निवासियों पर क्या और कितना प्रभाव पड़ा है? लम्बे समय तक क्षेत्र भ्रमण तथा वहाँ रहने के कारण इनकी जनजातीय संस्कृति और लोक कला, उसपर राजस्थान की जीवन शैली, उत्तर भारत की लोक संस्कृति के तत्त्व तथा नेपाल की जीवन्त पद्धति का प्रभाव तथा इन तीनों के सम्मिश्रण से युक्त थारू जनजाति लोक कला एवं लोक संस्कृति को इस सर्वेक्षण के माध्यम से जनसामान्य के समक्ष प्रस्तुत करने का प्रयास किया गया है।

थारू जनजाति एक जनजाति ही नहीं एक लोक परम्परा है इसको एक जाति के रूप में जब हम देखते हैं तो पाते हैं कि इन्होंने हमारी एक विरासत को सँभाल के रखा है, उस विरासत को सभी जन तक लाने के लिए सभी तक पहुँचाने के लिए इसको देश व प्रदेश में आयोजित होने वाले सभी महोत्सव जैसे लखनऊ महोत्सव, आगरा महोत्सव, गोरखपुर महोत्सव या जितने महोत्सव हों तथा जितने भी उत्सव, तीज-त्योहार हों, इनमें इनके जनजातीय रंग तथा जो अभी तक बची हुई और सुरक्षित हैं, नयी पीढ़ी तक पहुँचाने तथा सुरक्षित रखने के उद्‌देश्य से हों यह शोध सर्वेक्षण का कार्य किया गया है।

थारू जनजाति राणा, कठरिया, चौधरी तीन जनजातियों में बँटी है। थारू जनजाति के लोग अवध की

संस्कृति को अपनाते हुए अपने को राजस्थान के राजपूत राजा महाराणा प्रताप सिंह का वंशज मानते हैं थारू हिन्दू धर्म को मानते हैं, व हिन्दू धर्म के सभी त्योहारों को परम्परागत ढंग से मनाते हैं। ये लोग रीति-रिवाज, पहनावा, लोक नृत्य, गायन परम्परागत ढंग से करते हैं। ये अपने सभी त्योहार मिलकर गाँव के सभी लोग एकत्रित होकर समवेत नृत्य व गायन के साथ मनाते हैं। थारू जनजाति लोक कला व हस्तशिल्प में बहुत पारंगत है—ये लोग टोकरी बुनना, रस्सी बुनना, डलिया बुनना, चटाई बुनना, कम्बल, बैग, दरी, लहँगा, ओढ़नी आदि परम्परागत ढंग से बनाते हैं। थारू जनजाति के लोगों का प्रमुख व्यवसाय कृषि, पशुपालन, मछली मारना है।

इस शोध के लिए मैं सबसे पहले उत्तर प्रदेश के ज़िला लखीमपुर खीरी के तहसील पलिया कलाँ में गयी जहाँ पर मेरी मुलाकात पलिया कलाँ के बड़ा गाँव के निवासी वकील सचिन जी से हुई। सचिन जी के साथ पहले ग्राम भगहरपुरवा तहसील धौरहरा में गयी जहाँ पर करवाचौथ का चित्र मिला जो कि अति प्राचीन विधि से बनाये गये हैं, रंगों के प्रयोग में प्राकृतिक रंग गेरू और काले रंग में कोयला का प्रयोग कर चावल के आटे के घोल से बारीक डिज़ाइन से भरकर चित्र को बनाया गया है। चित्र में चाँद, सूरज, शंकर जी, पार्वती जी, गणेश जी, हाथी, घोड़े, तोता-मैना, डोली आदि को बनाकर करवाचौथ का चित्र पूर्ण कर पूजा करते हैं। यह चित्र लगभग 4 से 5 दिन में घर की सभी महिलाएँ काम-काज से निवृत्त होकर बनाती हैं। पाँच दिन के सर्वेक्षण में सचिन जी के साथ लखीमपुर खीरी में ग्राम गौबरौउला, सुरमा, परसइया, सौनाहा, सूड़ा, मंगलपुरवा, भट्ठा, बलेरा, धुसकिया, सुजानपुर आदि 20 गाँव का सर्वेक्षण किया गया जिसमें थारू लोक संस्कृति एवं कला के एक साथ बहुत सारे लोक चित्र प्राप्त हुए। इसी क्रम में श्री रामगोपाल जी के साथ तहसील पलिया कलाँ में ग्राम बड़ा गाँव, बड़ा पतवारा, सेमरीपुरवा, बिनहनपुरवा पलिया खुर्द, बसन्तापुर कलाँ, सरखनापूरब, मलनिया, खेमीपुरवा, छेदनीपुरवा, भगहरपुरवा आदि गाँव का सर्वेक्षण किया गया। सुश्री रुचि जी के साथ जनपद के ग्राम गगन पुरवा, लोलिनपुरवा, मंगलपुरवा, निघासन, जगनपुरवा, अतरिया, नंगवा, ढाकिन आदि गाँव का सर्वेक्षण किया गया। जनपद के ग्राम में सुश्री शोभा जी के साथ पलिया खुर्द बड़ा गाँव, मलनिया, सरखनापूरब, छेदनीपुरवा आदि बीस गाँव का सर्वेक्षण किया गया।

ज़िला बहराइच तहसील मिहिंपुरवा के निवासी श्री अंकुश जी के साथ ग्राम धर्मापुर, जलिहा, परगना, बलई गाँव, बसथनवा, अचुकवा, आज़ाद नगर, कारीकोट सुजौली, कठउतिया, मलमला सेमरी, आदि गाँव का सर्वेक्षण किया गया। ज़िला गोण्डा ग्राम के विशनपुर में जो भी चित्र प्राप्त हुए हैं उसका श्रेय श्रीमती मंजू देवी के साथ सुनील, रामजी को प्राप्त है, आप सभी के सहयोग से इन चित्रों की प्राप्ति हुई है। इस सर्वेक्षण में विशेष सहयोग श्रीमती रम्भा देवी से प्राप्त हुआ जिनसे कला की खोज विस्तृत हुई। इनके सहयोग से कई गाँव में खोज व कलाकृतियों की प्राप्ति हुई। इनके सहयोग से ज़िला बहराइच तहसील मिहिंपुरवा के ग्राम मलमला सेमरी, सेमरी बाज़ार, निंबियापुर, लाल बोझा, मिहिंपुरवा आदि बीस गाँव से अनेकों चित्र प्राप्त हुए। ज़िला बहराइच तहसील मिहिंपुरवा में रश्मि जी के साथ ग्राम हरखापुरवा, गनेनपुरवा, उर्रा बाज़ार, परसीपुरवा आदि गाँव का सर्वेक्षण में विशेष सहयोग प्राप्त हुआ। आप सभी के सहयोग से थारू जनजाति की कला व संस्कृति की खोज सम्भव हुई और क्षेत्र की लोक कला के चित्र प्राप्त हुए। आप सभी के प्रति विशेष आभार व्यक्त कर रही हूँ।

जब भी इन चित्रों को देखती व निहारती हूँ तो मेरे मन में यही विचार आता है इतना सुन्दर चित्र! इतनी सुन्दर कला! इस धरोहर को सहेजना अति आवश्यक है जो कि इस पुस्तक के माध्यम से सहेजने का प्रयास कर रही हूँ। वैसे तो इस पुस्तक को लिखने में मुझे काफी कठिनाइयों का सामना करना पड़ा। दूर-दूर तक साठ-सत्तर गाँव में जाना पड़ा। इन चित्रों को एकत्रित करना आसान न था लेकिन इतने सुन्दर चित्र देखकर

मैं भाव-विभोर हो जाती थी, मेरा एक ही प्रयास था दूर-दूर जाकर इनके चित्रों को देखना व सहेजना, कुछ गाँवों की तो ऐसी विशेषता है जहाँ पर हर घर में कच्ची मिट्टी के दिवाल पर चित्र बने हुए हैं। इन चित्रों को देखकर मैं चित्र सृजन के लिए काफ़ी गम्भीर थी और चित्र सृजन के लिए मैं काफ़ी गम्भीरता से लगभग दो साल तक अथक प्रयास करती रही हूँ। इस सर्वेक्षण में जो भी लोक चित्र प्राप्त हुए वो अपने आप में बहुत महत्त्वपूर्ण व मनोरंजक हैं क्योंकि सारे चित्रों को बहुत बारीक गहरे उभारदार पारम्परिक रंगों का प्रयोग कर घर की सभी महिलाओं के सहयोग से सप्ताह भर में बनाया गया है। यहाँ की चित्रों की एक विशेषता यह भी है इस ज़िले के गाँव में हर घर में चित्र बनाये गये हैं। बहराइच ज़िले की महिलाएँ अपनी हर कला कृति को लगन व निपुणता के साथ बनाती हैं।

सबसे प्रथम मैं इस शोध सर्वेक्षण हेतु भगवान तुल्य, प्रत्यक्ष रूप से विद्यमान मेरे पिताजी श्री परमानंद दास व माता श्रीमती उषा देवी जी के प्रति कृतज्ञता व्यक्त करती हूँ कि उन्होंने सदैव शुभ आशीष, साहस, प्रेरणा व दिशा प्रदान की। यह कार्य आपके ही मार्गदर्शन से ही सम्भव सिद्ध हो पाया है। विशेष रूप से इस संकलन में जनपद लखीमपुर खीरी में सचिन जी, श्री रामगोपाल जी, सुश्री शोभा जी, सुश्री रुचि जी आप सभी की मैं बहुत आभारी हूँ। आप सभी का बहुत सहयोग मिला। इन सहयोगियों के अतिरिक्त जनपद बहराइच में श्रीमती रम्भा देवी की बहुत-बहुत आभारी हूँ, आपका बहुत सहयोग प्राप्त हुआ व इसके अतिरिक्त अंकुश सिंह, राहुल सिंह, रामजी सिंह, रश्मि सिंह, अंजू, विकास, ममता देवी, सुनैना देवी, अभिषेक सिंह, सुमन, अमित सिंह, सुनीता देवी, मीना देवी, प्रमोद सिंह के प्रति कृतज्ञता व्यक्त करती हूँ, आप सभी का विशेष सहयोग प्राप्त हुआ। जनपद गोण्डा में श्रीमती मंजु देवी, सुनील सिंह, रामजी सिंह आदि आप सभी के प्रति आभार व्यक्त करती हूँ। आप सभी सहयोगी मित्रगण के प्रति अपनी कृतज्ञता व्यक्त करती हूँ। आप सभी के निरन्तर सहयोग, प्रेरणा, उत्साह, सहृदयता का सम्बल मिलता रहा है जो शोध सर्वेक्षण कार्य को पूर्ण करने का कारक बना। मैं आपकी बहुत आभारी हूँ।

दीपा सिंह रघुवंशी

लोक चित्रकार

परास्नातक, ललित कला

अयोध्या-फ़ैज़ाबाद (उ.प्र.)

E-mail : deeparagubansi@gmail.com

करवाचौथ

चित्रांकन : सुदेवी

करवाचौथ

चित्रांकन : उषा देवी

करवाचौथ

चित्रांकन : सुनीता

हरछठ

चित्रांकन : शालिनी

करवाचौथ

चित्रांकन : लीलावती

करवाचौथ

चित्रांकन : भोली देवी

करवाचौथ

चित्रांकन : मालती देवी

करवाचौथ

चित्रांकन : भोली देवी

चौक पूरना

करवाचौथ

चित्रांकन : चम्पा देवी

करवाचौथ

चित्रांकन : बीना देवी

करवाचौथ

चित्रांकन : कृष्णावती

करवाचौथ

चित्रांकन : स्व. रामावती

करवाचौथ

करवाचौथ

चित्रांकन : राना देवी

करवाचौथ

चित्रांकन : रामावती

हाथ के थापे

चित्रांकन : पुष्पा देवी

करवाचौथ

चित्रांकन : मीना पाण्डेय

करवाचौथ

चित्रांकन : जमुना देवी

हरछठ

चित्रांकन : मीना

करवाचौथ

चित्रांकन : शैलेन्दरी

चौक पूरना

चित्रांकन : रवीना राना

करवाचौथ

हरछठ

चित्रांकन : जानकी देवी

हरछठ

चित्रांकन : पार्वती देवी

करवाचौथ

चित्रांकन : पूनम शुक्ला

हरछठ

चित्रांकन : सुषमा

कोहबर

चित्रांकन : सुनीता

करवाचौथ

करवाचौथ

हरछठ

चित्रांकन : कमला देवी

करवाचौथ

चित्रांकन : फाल्गुनी देवी

करवाचौथ

चित्रांकन : कलावती देवी

दीवार सज्जा

करवाचौथ

चित्रांकन : निर्मला

करवाचौथ

करवाचौथ

चित्रांकन : मीना देवी

करवाचौथ

करवाचौथ

दीवार सज्जा

करवाचौथ

करवाचौथ

करवाचौथ

हरछठ

चित्रांकन : मुन्नी देवी

करवाचौथ

मइहर द्वार (कोहबर)

चित्रांकन : सुनैना देवी

करवाचौथ

ॐ भूर्भुवः स्वः तत्सवितुर्वरेण्यं भर्गो देवस्य धीमहि धियो यो नः प्रचोदयात् ।
ॐ
नमः शिवाय:
करवा चौथ पूजन

करवाचौथ

करवाचौथ

करवाचौथ

चित्रांकन : सुचिता सिंह

दीवार सज्जा

चित्रांकन : मीना पाण्डेय

चौक पूरना

चित्रांकन : रिया

करवाचौथ

चित्रांकन : सुनैना देवी

करवाचौथ

दीवार सज्जा

चित्रांकन : लीलावती

हरछठ

करवाचौथ

नागपंचमी

चित्रांकन : रामदुलारी

हरछठ

चित्रांकन : पुष्पा देवी

दीवार सज्जा

करवाचौथ

हरछठ

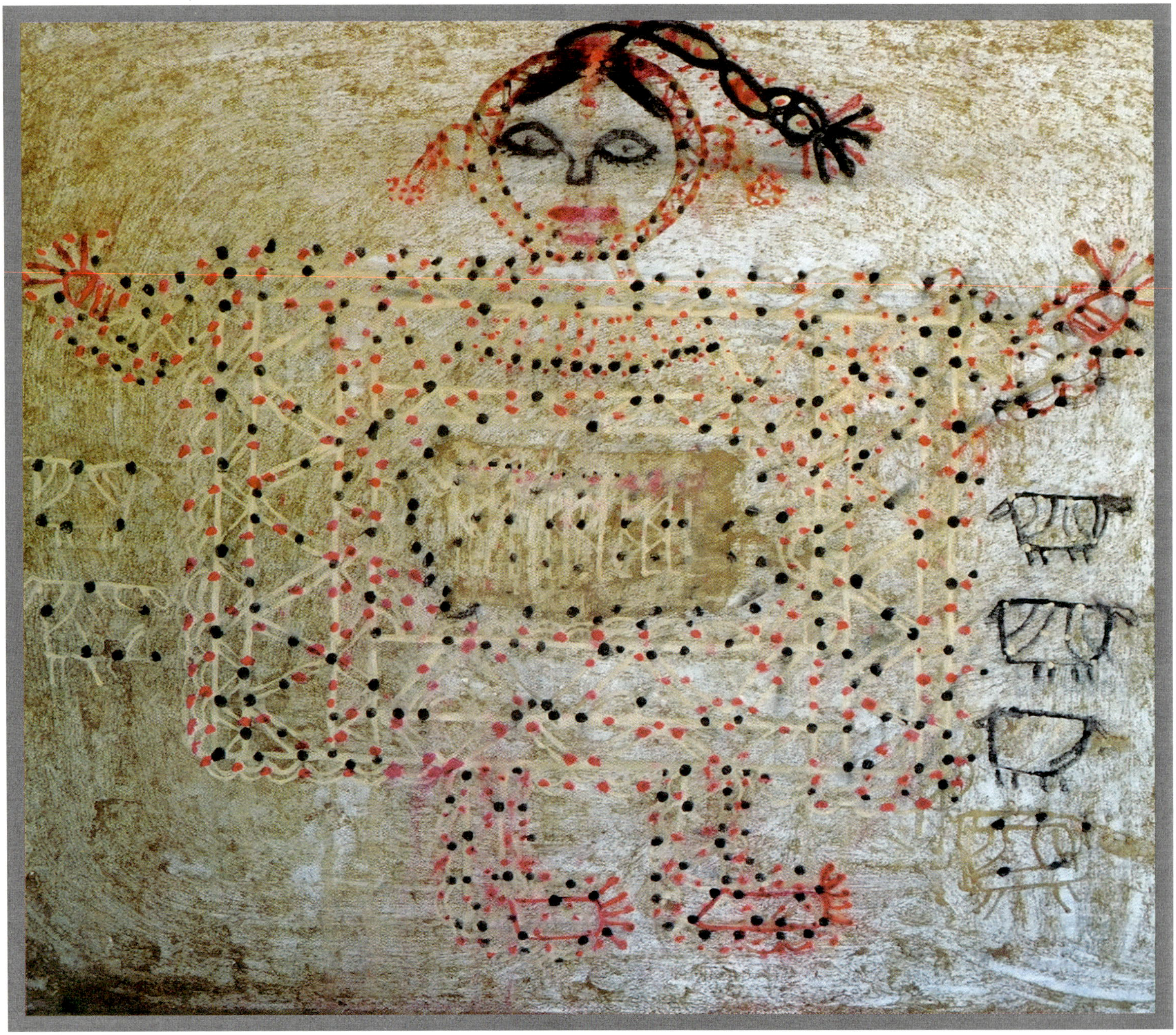

चित्रांकन : सुदेवी

दीवार सज्जा

चित्रांकन : मालती देवी

करवाचौथ

चित्रांकन : शान्ति देवी

नागपंचमी

विवाह उत्सव पर दीवार सज्जा

नागपंचमी

चित्रांकन : पार्वती

करवाचौथ

हरछठ

चित्रांकन : शीला देवी

मइहर द्वार

करवाचौथ

चित्रांकन : सरस्वती देवी

करवाचौथ

करवाचौथ

करवाचौथ

हरछठ

चित्रांकन : चन्द्रा देवी

दीवार सज्जा

करवाचौथ

चित्रांकन : कमला देवी

कोहबर

चित्रांकन : रश्मि

हरछठ

चित्रांकन : रमावती

करवाचौथ

चित्रांकन : सुचिता

तुलसी पूजा

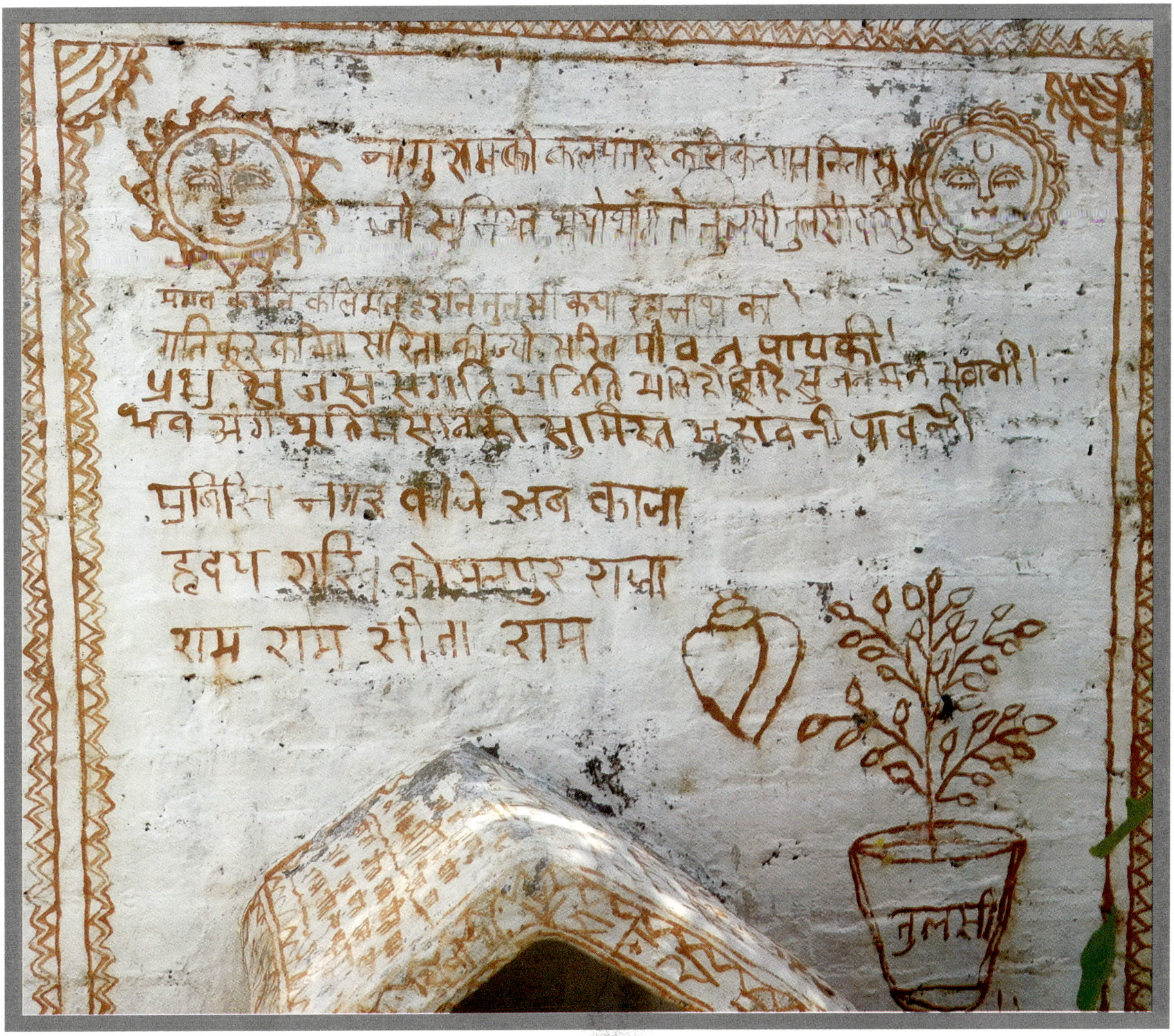

चित्रांकन : शान्ति देवी

भाईदूज, चौक पूरना

चित्रांकन : रम्भा देवी

करवाचौथ

करवाचौथ

कोहबर

चित्रांकन : उषा देवी

दीवार सज्जा

करवाचौथ

दीवार सज्जा

भाईदूज, चौक पूरना

चित्रांकन : जूही

करवाचौथ

नागपंचमी

चित्रांकन : शीला देवी

दीवार सज्जा

चित्रांकन : कल्पना

करवाचौथ

चित्रांकन : चन्द्रकला देवी

करवाचौथ

चित्रांकन : गुड़िया

भाईदूज, चौक पूरना

चित्रांकन : प्रगति

तुलसी पूजा

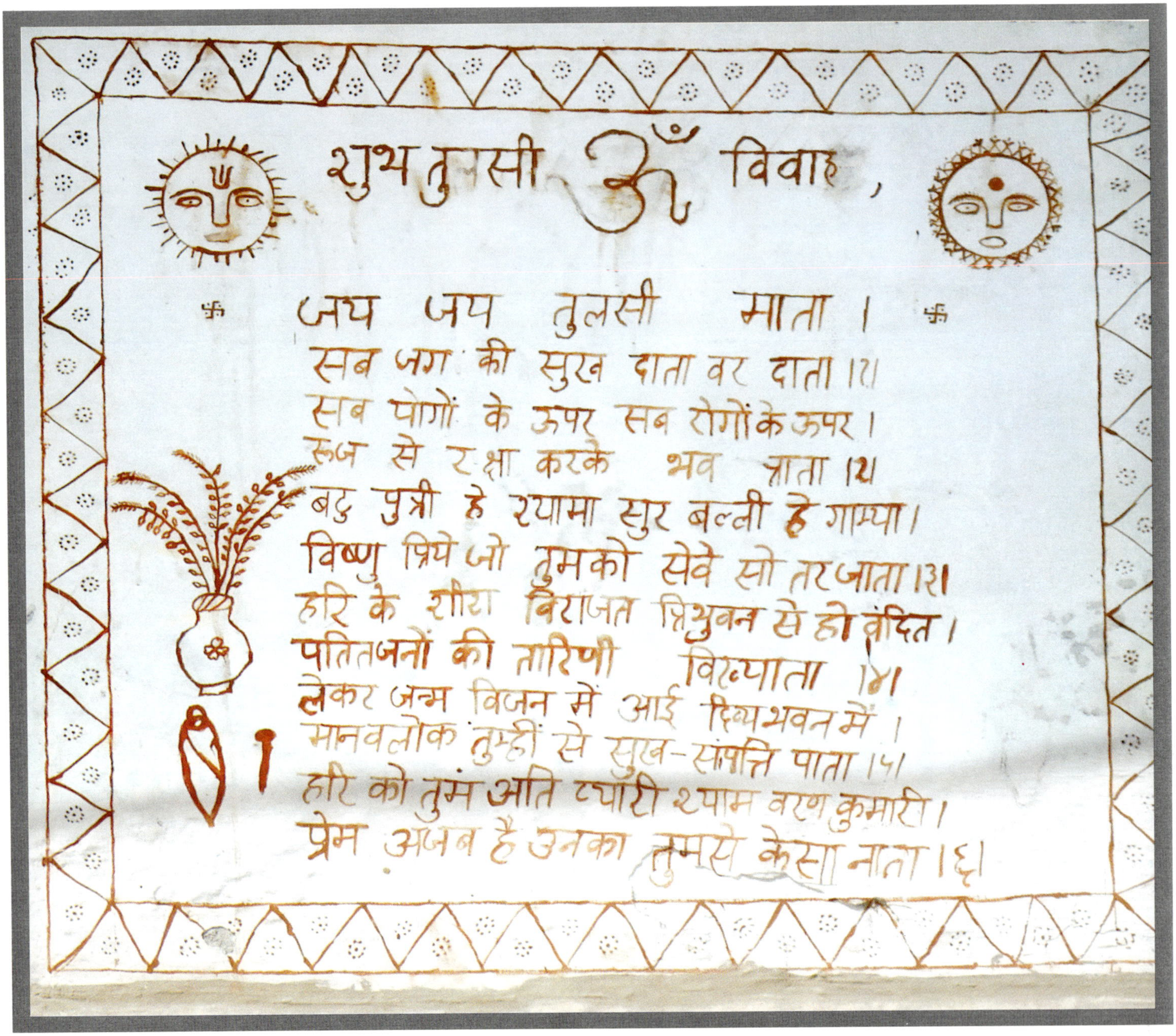

चित्रांकन : निर्मला देवी

कोहबर

चित्रांकन : सुदेवी

दीवार सज्जा

चित्रांकन : सीता राना

दीवार सज्जा

चित्रांकन : राधिका

भाईदूज, चौक पूरना

चित्रांकन : मीना

करवाचौथ

चित्रांकन : उर्मिला

हरछठ

चित्रांकन : स्वाति देवी

दीवार सज्जा

चित्रांकन : विमला राना

करवाचौथ

चित्रांकन : कलावती देवी

द्वार सज्जा

चित्रांकन : आशा देवी

हरछठ

चित्रांकन : विनय कुमारी

दीवार सज्जा

चित्रांकन : रवीना राना

करवाचौथ

चित्रांकन : उर्मिला

दीवार सज्जा

चित्रांकन : रीना राना

हरछठ

चित्रांकन : महेश्वरी

सर्वेक्षित चित्रों का विवरण

क्रम	चित्र का नाम	चित्रकार का नाम	स्थान	चित्रकार का चित्र	पृष्ठ सं.
1.	करवाचौथ	सुदेवी	ग्राम-भगहरपुरवा तहसील-धौरहरा ज़िला-लखीमपुर खीरी		1
2.	करवाचौथ	उषा देवी	ग्राम-पलिया खुर्द तहसील-पलिया कलाँ ज़िला-लखीमपुर खीरी		2
3.	करवाचौथ	सुनीता	ग्राम-सुजानपुर तहसील-धौरहरा ज़िला-लखीमपुर खीरी		3
4.	हरछठ	शालिनी	ग्राम-बडा गाँव तहसील-पलिया कलाँ ज़िला-लखीमपुर खीरी		4
5.	करवाचौथ	लीलावती	ग्राम-सिहरिया (कतर्निया वन अभ्यारण) तहसील-मिहिंपुरवा ज़िला-बहराइच		5
6.	करवाचौथ	भोली देवी	ग्राम-निंबियापुर तहसील-मोतीपुर ज़िला-बहराइच		6
7.	करवाचौथ	मालती देवी	ग्राम-भजनपुरवा तहसील-निघासन ज़िला-लखीमपुर खीरी		7
8.	करवाचौथ	भोली देवी	ग्राम-कठउतिया तहसील-मिहिंपुरवा ज़िला-बहराइच		8
9.	चौक पूरना		ग्राम-धर्मापुर तहसील-मिहिंपुरवा ज़िला-बहराइच		9
10.	करवाचौथ	चम्पा देवी	ग्राम-मंगलपुरवा तहसील-निघासन ज़िला-लखीमपुर खीरी		10
11.	करवाचौथ	बीना देवी	ग्राम-जगनपुरवा तहसील-निघासन ज़िला-लखीमपुर खीरी		11

12.	करवाचौथ	कृष्णावती	ग्राम-सुजानपुर तहसील-धौरहरा ज़िला-लखीमपुर खीरी		12
13.	करवाचौथ	स्व. रामावती	ग्राम-सुजानपुर तहसील-धौरहरा ज़िला-लखीमपुर खीरी		13
14.	करवाचौथ		ग्राम-पलिया खुर्द तहसील-पलिया कलाँ ज़िला-लखीमपुर खीरी		14
15.	करवाचौथ	राना देवी	ग्राम-विशनपुर ज़िला-गोण्डा		15
16.	करवाचौथ	रामावती	ग्राम-निंबियापुर सेमरी बाज़ार तहसील-मिहिंपुरवा ज़िला-बहराइच		16
17.	हाथ के थापे	पुष्पा देवी	ग्राम-पुनईपुरवा सेमरी बाज़ार तहसील-मिहिंपुरवा ज़िला-बहराइच		17
18.	करवाचौथ	मीना पाण्डेय	ग्राम-पलिया खुर्द तहसील-पलिया कलाँ ज़िला-लखीमपुर खीरी		18
19.	करवाचौथ	जमुना देवी	ग्राम-सेमरी बाज़ार तहसील-मिहिंपुरवा ज़िला-बहराइच		19
20.	हरछठ	मीना	ग्राम-अमृतपुर तहसील-मिहिंपुरवा ज़िला-बहराइच		20
21.	करवाचौथ	शैलेन्दरी	ग्राम-निंबियापुर सेमरी बाज़ार तहसील-मिहिंपुरवा ज़िला-बहराइच		21
22.	चौक पूरना	रवीना राना	ग्राम-गौबरउला तहसील-पलिया कलाँ ज़िला-लखीमपुर खीरी		22
23.	करवाचौथ		ग्राम-लाल बोझा सेमरी बाज़ार तहसील-मिहिंपुरवा ज़िला-बहराइच		23

24.	हरछठ	जानकी देवी	ग्राम-छेदनी पुरवा तहसील-पलिया कलाँ ज़िला-लखीमपुर खीरी		24
25.	हरछठ	पार्वती देवी	ग्राम-लाल बोझा तहसील-मिहिंपुरवा ज़िला-बहराइच		25
26.	करवाचौथ	पूनम शुक्ला	ग्राम-लोलिन पुरवा तहसील-मिहिंपुरवा ज़िला-बहराइच		26
27.	हरछठ	सुषमा	ग्राम-परसी पुरवा तहसील-मिहिंपुरवा ज़िला-बहराइच		27
28.	कोहबर	सुनीता	ग्राम-हरखापुर तहसील-मिहिंपुरवा ज़िला-बहराइच		28
29.	करवाचौथ		ग्राम-धोबिन पुरवा तहसील-पलिया कलाँ ज़िला-लखीमपुर खीरी		29
30.	करवाचौथ		ग्राम-निवाल गढ़ ज़िला-गोण्डा		30
31.	हरछठ	कमला देवी	ग्राम-कारी कोट सुजौली तहसील-मिहिंपुरवा ज़िला-बहराइच		31
32.	करवाचौथ	फाल्गुनी देवी	ग्राम-बड़ा पतवारा तहसील-पलिया कलाँ ज़िला-लखीमपुर खीरी		32
33.	करवाचौथ	कलावती देवी	ग्राम-निंबियापुर सेमरी बाज़ार तहसील-मिहिंपुरवा ज़िला-बहराइच		33
34.	दीवार सज्जा		ग्राम-मंगलपुर तहसील-निघासन ज़िला-लखीमपुर खीरी		34
35.	करवाचौथ	निर्मला	ग्राम-सरखना पूरब तहसील-पलिया कलाँ ज़िला-लखीमपुर खीरी		35

36.	करवाचौथ		ग्राम-निघासन तहसील-निघासन ज़िला-लखीमपुर खीरी		36
37.	करवाचौथ	मीना देवी	ग्राम-सेमरी बाज़ार तहसील-मिहिंपुरवा ज़िला-बहराइच		37
38.	करवाचौथ		ग्राम-पलिया खुर्द तहसील-पलिया कलाँ ज़िला-लखीमपुर खीरी		38
39.	करवाचौथ		ग्राम-जगनपुर तहसील-निघासन ज़िला-लखीमपुर खीरी		39
40.	दीवार सज्जा		ग्राम-अतरिया तहसील-पलिया कलाँ ज़िला-लखीमपुर खीरी		40
41.	करवाचौथ		ग्राम-नगँवा तहसील-निघासन ज़िला-लखीमपुर खीरी		41
42.	करवाचौथ		ग्राम-बड़ा गाँव तहसील-पलिया कलाँ ज़िला-लखीमपुर खीरी		42
43.	करवाचौथ		ग्राम-विशनपुर ज़िला-गोण्डा		43
44.	हरछठ	मुन्नी देवी	ग्राम-बसथनवा तहसील-मोतीपुर ज़िला-बहराइच		44
45.	करवाचौथ		ग्राम-अतरिया तहसील-पलिया कलाँ ज़िला-लखीमपुर खीरी		45
46.	मइहर द्वार (कोहबर)	सुनैना देवी	ग्राम-उर्रा बाज़ार तहसील-मिहिंपुरवा ज़िला-बहराइच		46
47.	करवाचौथ		ग्राम-मलनिया तहसील-पलिया कलाँ ज़िला-लखीमपुर खीरी		47

48.	करवाचौथ		ग्राम-मलनिया तहसील-पलिया कलाँ ज़िला-लखीमपुर खीरी		48
49.	करवाचौथ		ग्राम-सेमरी बाज़ार तहसील-मिहिंपुरवा ज़िला-बहराइच		49
50.	करवाचौथ	सुचिता सिंह	ग्राम-सेमरी मलमला तहसील-मिहिंपुरवा ज़िला-बहराइच		50
51.	दीवार सज्जा	मीना पाण्डेय	ग्राम-सेमरी मलमला तहसील-मिहिंपुरवा ज़िला-बहराइच		51
52.	चौक पूरना	रिगा	ग्राम-घुसकिरा तहसील-पलिया कलाँ ज़िला-लखीमपुर खीरी		52
53.	करवाचौथ	सुनैना देवी	ग्राम-सेमरी मलमला तहसील-मिहिंपुरवा ज़िला-बहराइच		53
54.	करवाचौथ		ग्राम-बसन्तापुर कलाँ तहसील-पलिया कलाँ ज़िला-लखीमपुर खीरी		54
55.	दीवार सज्जा	लीलावती	ग्राम-भजनपुरवा तहसील-निघासन ज़िला-लखीमपुर खीरी		55
56.	हरछठ		ग्राम-लाल बोझा तहसील-मिहिंपुरवा ज़िला-बहराइच		56
57.	करवाचौथ		ग्राम-गगेनपुरवा तहसील-मोतीपुर ज़िला-बहराइच		57
58.	नागपंचमी	रामदुलारी	ग्राम-मलनिया तहसील-पलिया कलाँ ज़िला-लखीमपुर खीरी		58
59.	हरछठ	पुष्पा देवी	ग्राम-पृथ्वी पुरवा तहसील-मोतीपुर ज़िला-बहराइच		59

72.	करवाचौथ		ग्राम-लोलिन पुरवा तहसील-मिहिंपुरवा ज़िला-बहराइच		72
73.	करवाचौथ		ग्राम-उर्रा बाज़ार तहसील-मिहिंपुरवा ज़िला-बहराइच		73
74.	करवाचौथ		ग्राम-कठउतिया तहसील-मोतीपुर ज़िला-बहराइच		74
75.	हरछठ	चन्द्रा देवी	ग्राम-सेमरी मलमला तहसील-मिहिंपुरवा ज़िला-बहराइच		75
76.	दीवार सज्जा		ग्राम-सेमरी मलमला तहसील-मिहिंपुरवा ज़िला-बहराइच		76
77.	करवाचौथ	कमला देवी	ग्राम-मलनिया तहसील-पलिया कलाँ ज़िला-लखीमपुर खीरी		77
78.	कोहबर	रश्मि	ग्राम-निंबियापुर तहसील-मिहिंपुरवा ज़िला-बहराइच		78
79.	हरछठ	रमावती	ग्राम-सेमरी मलमला तहसील-मिहिंपुरवा ज़िला-बहराइच		79
80.	करवाचौथ	सुचिता	ग्राम-सेमरी बाज़ार तहसील-मिहिंपुरवा ज़िला-बहराइच		80
81.	तुलसी पूजा	शान्ति देवी	ग्राम-उर्रा बाज़ार तहसील-मिहिंपुरवा ज़िला-बहराइच		81
82.	भाईदूज चौक पूरना	रम्भा देवी	ग्राम-सेमरी मलमला तहसील-मिहिंपुरवा ज़िला-बहराइच		82
83.	करवाचौथ		ग्राम-बड़ा गाँव तहसील-पलिया कलाँ ज़िला-लखीमपुर खीरी		83

84.	करवाचौथ		ग्राम-मुकेरिया तहसील-मोतीपुर ज़िला-बहराइच		84
85.	कोहबर	उषा देवी	ग्राम-करमोहना तहसील-मिहिंपुरवा ज़िला-बहराइच		85
86.	दीवार सज्जा		ग्राम-खेमी पुरवा तहसील-मिहिंपुरवा ज़िला-बहराइच		86
87.	करवाचौथ		ग्राम-छेदनी पुरवा तहसील-पलिया कलाँ ज़िला-लखीमपुर खीरी		87
88.	दीवार सज्जा		ग्राम-गनेनपुरवा तहसील-मिहिंपुरवा ज़िला-बहराइच		88
89.	भाईदूज चौक पूरना	जूही	ग्राम-सरखना पूरब तहसील-पलिया कलाँ ज़िला-लखीमपुर खीरी		89
90.	करवाचौथ		ग्राम-हरखा पुरवा तहसील-मिहिंपुरवा ज़िला-बहराइच		90
91.	नागपंचमी	शीला देवी	ग्राम-बड़ा गाँव तहसील-पलिया कलाँ ज़िला-लखीमपुर खीरी		91
92.	दीवार सज्जा	कल्पना	ग्राम-सेमरी पुरवा तहसील-पलिया कलाँ ज़िला-लखीमपुर खीरी		92
93.	करवाचौथ	चन्द्रकला देवी	ग्राम-मिहिंपुरवा तहसील-मिहिंपुरवा ज़िला-बहराइच		93
94.	करवाचौथ	गुड़िया	ग्राम-परसीपुरवा तहसील-मिहिंपुरवा ज़िला-बहराइच		94
95.	भाईदूज चौक पूरना	प्रगति	ग्राम-बड़ा गाँव तहसील-पलिया कलाँ ज़िला-लखीमपुर खीरी		95

96.	तुलसी पूजा	निर्मला देवी	ग्राम-पलिया खुर्द तहसील-पलिया कलाँ ज़िला-लखीमपुर खीरी		96
97.	कोहबर	सुदेवी	ग्राम-बड़ा गाँव तहसील-पलिया कलाँ ज़िला-लखीमपुर खीरी		97
98.	दीवार सज्जा	सीता राना	ग्राम-निंबियापुर तहसील-मिहिंपुरवा ज़िला-बहराइच		98
99.	दीवार सज्जा	राधिका	ग्राम-गगनपुरवा तहसील-निघासन ज़िला-लखीमपुर खीरी		99
100.	भाईदूज, चौक पूरना	मीना	तहसील-निघासन ज़िला-लखीमपुर खीरी		100
101.	करवाचौथ	उर्मिला	ग्राम-सेमरी पुरवा तहसील-मिहिंपुरवा ज़िला-बहराइच		101
102.	हरछठ	स्वाति देवी	ग्राम-बड़ा गाँव तहसील-पलिया कलाँ ज़िला-लखीमपुर खीरी		102
103.	दीवार सज्जा	विमला राना	ग्राम-नगँवा तहसील-निघासन ज़िला-लखीमपुर खीरी		103
104.	करवाचौथ	कलावती देवी	ग्राम-नगँवा तहसील-निघासन ज़िला-लखीमपुर खीरी		104
105.	द्वार सज्जा	आशा देवी	ग्राम-निंबियापुर तहसील-मिहिंपुरवा ज़िला-बहराइच		105
106.	हरछठ	विनय कुमारी	ग्राम-मुकेरिया तहसील-मोतीपुर ज़िला-बहराइच		106
107.	दीवार सज्जा	रवीना राना	ग्राम-उतरिया तहसील-पलिया कलाँ ज़िला-लखीमपुर खीरी		107

108.	करवाचौथ	उर्मिला	ग्राम-मिहिंपुरवा तहसील-मिहिंपुरवा ज़िला-बहराइच		108
109.	दीवार सज्जा	रीना राना	ग्राम-धोबिन पुरवा तहसील-पलिया कलाँ ज़िला-लखीमपुर खीरी		109
110.	हरछठ	महेश्वरी	ग्राम-बड़ा गाँव तहसील-पलिया कलाँ ज़िला-लखीमपुर खीरी		110